國民理財
Let's finance

006

不為孩子理財

要**教**孩子理財

恆兆文化

序/

爸爸媽媽們，

去遊戲、去旅行、去讀書、去提早退休，

就是別為孩子去存錢。

他們需要的是，

有一個管錢的方法、有一個理財的習慣。

提高金錢的知識，

長遠來說就是提升生活品質。

國家圖書館出版品預行編目資料

不為孩子理財，要教孩子理財　　　/Let's finance! Studio 編著

　　　　　　　　　　　— 台北市：恆兆文化，2004 [民93]

112 面 ：14.8公分×21.0公分　　　　　（國民理財系列：6）

ISBN 957-29466-3-3（平裝）

1.家庭教育　2.理財

528.2　　　　　　　　　　　　　　　　　93006299

不為孩子理財，要教孩子理財

國民理財系列 006

出 版 所	恆兆文化有限公司
	（http：//www.book2000.com.tw）
發 行 人	張　正
總 編 輯	鄭花束
作　　者	Let's Finance ! Studio
美術編輯	Mac麥客張
統一編號	16783697
電　　話	02-27369882
傳　　真	02-27338407
地　　址	110台北市吳興街118巷25弄2號2樓
出版日期	2005年3月一刷
I S B N	957-29466-3-3（平裝）
定　　價	149 元
總 經 銷	農學社股份有限公司
	電話 02-29178022

訂購方法

● 　郵政劃撥

　　劃撥帳號：19329140

　　戶名：恆兆文化有限公司

● 　ATM轉帳

　　中華商業銀行

　　（仁愛分行）　銀行代碼：804

　　銀行帳號：032-01-001129-1-00

第二篇：理財實務篇

第三篇：經濟金融篇

第一篇：金錢知識篇

理財不在於有能力擁有多少錢，

而是錢所發揮的力量令人滿足嗎？

具備錢的基本常識，

就容易看到錢的積極面，

而不總是流於帳單、消費等這種消極面。

鈔票、簽名，為什麼可以買到商品？

貨幣演進

古時候人們採用交換方式取得生活所需，但演進到現在一個簽名、一通電話就可以當成「錢」。

從以易物開始回顧錢（貨幣）的歷史，就更能了解金錢的價值。

我們可以把錢幣的演進分成 **四大階段：**

第一階段 實物貨幣(Material Currency)

最早期，人們過的是一種「實物交換」的生活。

比方說，獵人想吃青菜就把捕獲的獵物與種青菜的人家交換；想要吃稻米就跟種稻米的人家交換。

我的獵物跟妳換蔬菜好嗎？

現在人已經很少利用「實物貨幣」交換生活所需了，不過許多偏遠地區還是用實物貨幣，例如遠在西藏高原區的游牧民族，部分人們甚至沒見過所謂的「錢」，他

我要兩條腿才跟你換！

們的財產以幾頭牛、幾頭羊計，而購買生活日用品如茶葉、布匹則以牲口為交換籌碼。

第二階段　金屬貨幣(Metallic Currency)

　　漁夫想吃水果，但種水果的人家卻不喜歡魚，怎麼辦呢？另外，不管魚或水果，即使出產很多也不易保存，於是，人們就想出了辦法，利用珍貴的貝殼、布帛、金屬等來當商品交換的憑證吧！

　　其中用得最頻繁的就是金屬貨幣，因為金屬價值穩定、容易分割、便於儲藏，人們把自己生產的東西先拿去換成貴重金屬再拿它拿去換取自己想要的東西，如此一來就可以免掉許多以物易物的不便了。於是，就進入了金屬貨幣時代。

第三階段　代用貨幣(Substitute Currency)

　　金屬貨幣固然很好用，但是還是有侷限性，所以，人們就想出了更容易的方法，就是代用貨幣。

代用貨幣在實質上並不具備其所替代商品的價值，因此本質上是一種信用貨幣，例如，上面寫著100美金的一張紙，餓了既不能吃、冷了也不能穿，卻可以它來交換100美金的等值物品，它的基礎點就在「信用」。

代用貨幣產生在金屬貨幣的流通時期，現在我們常用的鈔票、商業票據等都是代用貨幣的一種。

第四階段　電子貨幣（ Electric Currency）

電子貨幣是經濟與科技創新的結果，在你身上具備有多少交換價值，可以經過公信單位的認證變成「數字」，買東西的時候並沒有現金交易，只有數字往返。例如，金融卡、信用卡、電子錢包等不一而足，而利用PDA、行動電話買賣股票、基金也都是電子貨幣的形式。

雖然貨幣形式變啊變，但本質是不變的——充當等價物的特殊商品。也就是說，不管它外觀是一張紙、一排數字或一個簽名，都不改變貨幣與商品之間對立的關係。

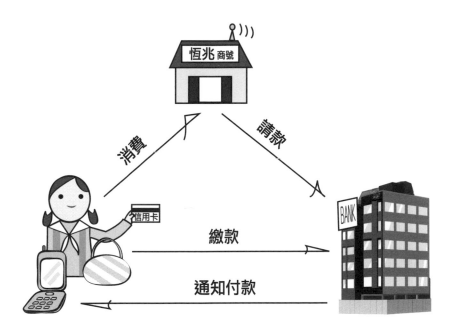

除了消費與帳單，錢也具備尺度與儲蓄功能。

別讓錢只停留在ATM、便利商店、帳單......這些消極的表面交易裡，也來看看錢的其他功用，對錢的了解會比較積極與客觀哦！

功能一：交換的手段

時序推到實物貨幣年代，一位漁夫一天能打到5條魚，而他所打的魚除了自用之外，可以用魚跟附近的農夫換青菜水果。

一尾魚　　　　一籃水果

獵人跟農夫交換青菜水果（實物貨幣）就跟我們現在拿著信用卡（電子貨幣）到百貨公司買日用品道理是一樣的。

把自己的勞務所得換得別人的勞務所得，這種交換的手段就是錢的第一項功能。

功能二：價值尺度

在以物易物年代「貨幣」是多元而絕對主觀的，對漁夫而言他的貨幣是魚；對農夫而言他的貨幣是青菜水果。

但演進到後來，度量衡的標準就愈來愈統一也愈來愈容易流通了。比方說一件襯衫要賣2,000元、一只手提袋標價800元、價值100元的鉛筆盒......這些商品利用了「錢」當成度量衡，所以，錢又有了價值尺度的功能。

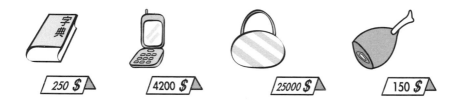

功能三：儲蓄功能

有沒有想過，在以物易物的年代，漁夫如何交換超過他一天捕魚所得的極限呢？

如果有一天漁夫想學打獵，轉行當獵人，但是一把獵箭得要200條魚才交換得起，在以物易物的年代的確十分困難，但進入了金屬貨幣年代之後就一點困難也沒有。

例如漁夫每天能打到5條魚扣掉生活所需的3條魚，把剩下的兩條換成易於保存的貨幣，100天之後，他就有200條魚等值貨幣交換獵箭了。

就是這樣，漁夫把100天的所得累積下來，以便交換更高價值的商品這就叫儲蓄。

在以前⋯⋯

200隻魚換一組獵箭要100天才存得到，問題是到時候魚都臭了，沒人要⋯⋯，也就沒了。

在現在⋯⋯

想買什麼存夠錢隨時買！

觀念 *3* >>>

貨幣時態

錢有時態，
就產生借貸，也產生利息。

　　儲蓄可以累積勞務，但是以獵人而言，擁有提升工作力的獵箭，如果還得等上100天競爭力顯然是不足的。

　　於是，大家就想了一個辦法，讓「未來的錢」有機會變成「現在的錢」——錢在使用的時態上改變了，就產生借貸關係。

100天前支借……

價值 ⇒ **200** × 🐟

100天後償還……

本金 ⇒ **200** × 🐟

利息 ⇒ **20** × 🐟

預支「未來的錢」的獵戶在取走獵箭100天後，要歸還的不止是200隻魚，而是220隻，多出來的20隻就叫「利息」。

　　為什麼必須有「利息」呢？

　　因為在這100天裡，如果獵人被老虎咬了、打不到魚⋯⋯都有可能還不出錢來，生產獵箭的工匠必需承擔風險；相對的，獵人提早使用了「未來的錢」改善了現在的生活狀態，付出額外的金錢是合理的。

　　而會促成這種借貸關係另一個重要理由則是「信用」，因為獵人是以自己的信用為籌碼，讓工匠相信他會在在約定的時間內把錢歸還，而從古至今，信用都是必須付費(利息)的！

　　借貸關係一般認為是在人們開始懂得儲蓄之後才產生的，但不管開始的時間在什麼時候，可以肯定的是人跟社會的互動愈密切，借貸就愈頻繁。

　　不是只有跟人借錢或是借錢給人才會產生借貸關係，一般像是家裡的水電費、使用的信用卡、買賣股票、公車儲值卡、買儲蓄保險等等都是借貸的一環，人們也因此而形成一個綿密的金融網路。

相對絕對 | 錢，量不到「獨一價值」。

　　我們現在幾乎是活在一個被金錢「高度尺度化」的社會裡，從一只書包、一條牛仔褲、住的房子、所上的學校、到零用錢......都可以被錢給度量出來。

　　沒錯，錢具備「價值尺度」的功能，但是，錢其實只能量得到相對值而已。

　　什麼叫「相對值」呢？

　　大家都知道黃金很貴，但如果有一天黃金像石頭到處都有的話，價格就會很便宜，由此我們就可以得知，錢雖然是度量衡，但它所標價出來的只是一種相對比較的結果，就像水，一樣的水在沙漠的價格就比城市貴很多。

　　從這裡父母可以和孩子討論，如果我們需要一只包包，買名牌包包是否真的有需要呢？

　　引導孩子們思考，我們需要的是一個被比較出來的結果？還是真正的需要呢？

　　「錢是工具」是件不爭的事實，但這項工具威力強大，往往「奴大欺主」，會讓人有種錯覺，以為錢是萬能的，只要有錢就什麼都能買。不過，實情卻不是如此，雖

然金錢所標示的價值無處不在，但如果回到生活本質，錢充其量只是工具而己，比方說再有錢的人，也不能永遠不死。所以，獨一價值是無法被金錢所衡量，例如人，只有一個，不可能被複製：青春、身體、情感都具有獨一性，也不能被標價。

可用錢衡量
相對價值

  150 $  25000 $  4200 $

不可用錢衡量
絕對價值

 ✕ 無價 ✕ 無價 ✕ 無價

○ 金錢價值觀偏差問題

一位媽媽意外發現讀國中的女兒竟有當季名牌服飾，質問之下，所得到的回答竟是：「又沒給家添麻煩，別管我！」

這樣的例子是很多家長共同的擔憂，因為孩子無時無刻都曝露在物慾的誘惑中。

金錢的價值觀跟成長、虛榮、好奇等有直接的關係，往往不只是不會理財而已，以購買超乎能力的名牌而言，常是一種虛榮心作祟，他們藉此向同儕顯示自己「很有錢」、「很高貴」、「我來自重視生活品味的家」、「我家家境很好」，而這種「暗示」不僅利用服飾來暗示朋友，也是一種自我暗示。

如果孩子有嚴重價值觀偏差的傾向，建議可以找教育或心理專家諮詢。父母在日常生活中則要傳達「實力比外表重要」、「人不能靠掩飾過一輩子」的觀念，讓他們明白，如果自己實力不到那裡，卻不斷塑造一個接一個假象，是十分辛苦的。

撇開複雜的成長心理問題不談，如果孩子陷入浪費或總是買超過能力負擔的東西，就建議他們買東西要訂定計畫，喜歡高價有質感的東西不是罪惡，但那意味著得在有限的預算裡作出抉擇，或者進行長時間的儲蓄。

積極消極 | 富有，來自與人分享。

在只有一人的荒島上，即使有享用不盡的財富，但連個分享的對象也沒有，想必是很難快樂的！

一般父母都同意在教孩子理財之際，同時擴大孩子的氣度並不吝與人分享財富，但在執行層面上，父母切忌用強迫的手段。

例如，不少父母為了培養孩子愛心，在發零用錢的時候就把「行善基金」先預扣下來，這麼做不但一點用也沒有，當孩子到了獨立的青少年期，就會對父母以「行善」之名行「減扣零用錢」之實充滿不屑。

德蕾沙修女曾說過：「愛的反面不是恨，是冷漠。」

如果父母希望孩子透過金錢分享培養愛，那麼就別再繞在「錢」上面打轉了！應該引導孩子多接觸日常生活以外的世界，當孩子對世界的認識不再侷限於電視、電腦、成績單，錢在孩子的手裡積極的作用就大過消極作用，也容易體驗「分享」比「獨佔」快樂的道理。因此，要培養孩子樂於分享的心，擴大他們的視野要比關起門來上課學習還有效。

要注意的是，父母最好不要將自己「愛的價值觀」強加在孩子身上，這樣做往往令孩子反感，而是要引導對他們而言有感動的團體或個人，至於結果如何就讓孩子自己決定。例如，小偉和小立是對高二的雙胞胎，也曾是小小早產兒，兄弟倆從小就從父母口中知道當年是如何住在保溫箱、如何辛苦的被帶大的，有一天，父母帶他們到東南亞參訪當地的早產兒基金會，親自了解並不是每一位早產兒都可以那麼幸運的活下來，如果沒有周圍的善心人士支助，健康的活下來根本就是件奢侈的。回家後他們兄弟兩就自願當早產兒基金會的義工，不但捐出自己的部份零用錢，還利用假日製作網頁，為孩子們募款。

金錢在社會中如同流水一樣

○ 幸福有錢人的河川→流水通暢

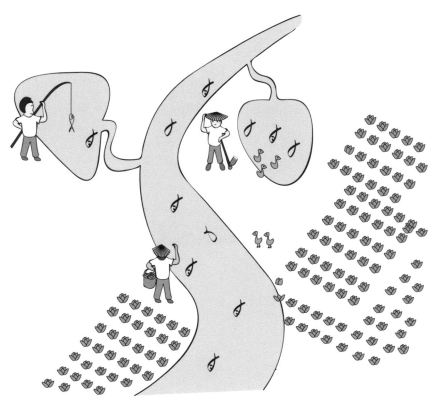

大地共享水資源的滋潤，一片祥和喜樂

○ 不幸福有錢人的河川→獨享水源

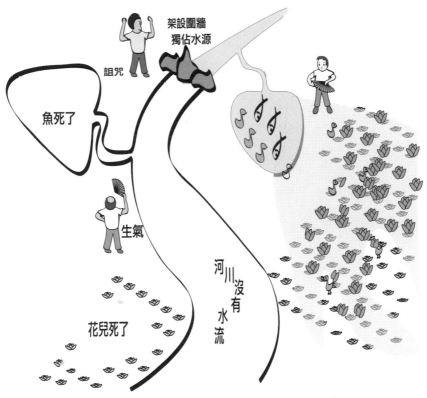

架設圍牆
獨佔水源

詛咒

魚死了

生氣

花兒死了

河川沒有水流

水資源獨佔，川流堵塞、氾濫，荒涼一片，怨聲連連……

關懷、人際、預算，
適度送禮好處不少。

　　饋贈禮物是分享與關懷的理財操練課程之一，它有助於增加人際交流的社會經驗，也可訓練孩子在拿到零用錢時保留現金用在親友往來用途。但要強調，禮物應以關懷或人際為出發點，而非用錢購買感情或友誼。

　　小妤唸中學一年級，暑假回外婆家是她最快樂的時光，雖然爸媽會支付小妤在外婆家開銷，但今年爸媽就建議小妤開始儲蓄零用錢買點小禮物送給外婆家的親戚。

　　父母提出這個建議之前當然有心理準備，就是平日的零用錢必需多給一點，讓孩子自行支配。當父母把選購禮物的權責交到孩子手上時，孩子就會開始觀察周圍人的需要，並學習分配手中的預算。

　　例如，小妤這趟回外婆家，為外婆買了一雙實穿的運動鞋，因為注意到外婆的布鞋不適合運動；她也為舅媽串了一條項鍊，雖不昂貴，但項鍊的長度卻是按舅媽身高量身訂做。雖是親戚，這一點關心與禮物卻讓親情更圓融。

　　右表是「禮物預算表」，建議孩子對於禮物的饋贈要先有預算而不是臨時興起。

親友	爸爸	媽媽	外婆	弟弟	同學	其他
1月						
2月		生日 300元				
3月			返鄉禮 100元		Joanna 生日party 200元	娟娟生日 500元
4月						探望 娟娟媽媽 600元
5月	生日 300元		生日 200元		慧生日 100元	
6月						嬌嬌項鍊 100元
7月			鞋2,000元			
8月			森林浴 2,000元			
9月				生日60元		
10月						
11月						
12月						

道德守法 | 誠實，永不褪流行。

　　教孩子在金錢上正直誠實，口頭訓誡永遠也比不上身教重要，而這種價值觀往往是生活細節潛移默化來的。

　　例如，不少速食店對100公分以下的孩子提供免費的遊戲空間，當父母的有責任讓孩子清楚「即使只多1公分，也不違背規定使用」是很重要的，即使沒有服務人員在場，也一定要確定遵守；另外，像搭大眾運輸工具，有些父母也為了省幾塊錢而讓孩子「偷跑」，這實在是得不償失的做法，因為一旦孩子從父母的行為之中學到了漠視法律與規定的習慣，長大以後也會以同等心態面對社會。

如何看待小孩偷竊

　　孩子成長過程中，萬一你發現他們偷竊，該怎麼辦？

　　兒童時期的偷竊通常是他們承受巨大壓力或情感困擾的訊號；而青少年時期出現的偷竊，則可以解釋成人生轉型期必經的儀式。一般來說，孩童偷竊通常本身有以下錯誤認知：

１、他們認為沒有人會因此受傷。

２、他們認為對方應該承受得起這種損失。

３、他們認為自己一定不會被發現。

４、受同伴壓力產生「非有這東西不可時」或者是對世界充滿憤怒而想報復時，他們不知如何控制這種念頭。

５、他們不知道該如何處理生氣、失意、沮喪、無人注意與不受歡迎的感覺。

　　了解孩子「為何偷竊」，並適時的糾正其錯誤認知，有時需要仰賴心理或教育專家才能奏效。父母的角色就是要讓他們曉得，偷竊不是如他們想像的「只是拿走我想要的東西而已」，父母有責任要讓他們了解拿走不該拿的東西要冒很多風險，包括賠償損失並會因此養成習慣。

　　建議父母可以帶孩子認識警方對偷竊的處理程序、要負的法律責任，讓孩子能對偷竊一事嚴肅以對。

　　如果孩子已有行竊的事實，在處理時必需考慮到小孩的自尊心與人際關係，例如偷了同學的東西，應該跟級任老師商量，一方面讓孩子懂得法律與誠實，另一方面則要「對症下藥」，分辨是什麼心理情緒下產生的偷竊，切忌在大庭廣眾下責備，如此，反而容易讓孩子自暴自棄，後果將不堪設想。

不同的零用錢發放方式，養成不同人格。

　　在西方國家，大部份的家長認為讓孩子接觸錢、了解錢並學會如何使用錢，對經濟意識與理財能力有正面的幫助，這個道理就跟經營生意一樣，年資愈長就愈熟練。不過，東方國家對零用錢的發放方式則有不同的傳統與方式，究竟何者為佳見仁見智，但一般說來，零用錢發放方式不同，孩子的性格養成也不同。

第一種：定期給孩子一定數額

　　歐美與日本家庭大都採「定期定額」型，也就是根據孩子的年紀，定出一個規律性的給零用錢方式，而且既然給了，就全權讓孩子自己安排開銷。

　　一般來說，這種環境長大的小孩，比較懂得統籌安排財富，也比較有能力主導自己的經濟問題。

第二種：根據孩子的願望

　　韓國與一些東南亞國家大多會根據孩子所提出的要求，再由父母斟酌情況給予，他們習慣讓孩子和自己協

調、討論零用錢的多寡與用途，所以，孩子的錢到底花到那裏去，家長幾乎一清二楚。

協調式的零用錢發放方式，孩子與周圍環境的協商能力比較強，有助於訓練人際關係。

第三種：以上兩種混合，既沒章法也沒時間表

這種家庭型態最普遍的就是大陸與台灣了，因為中國人向來有「君子喻以義，小人喻以利」的觀念，總認為跟孩子談錢是很「那個的」，所以，給零用錢的方式很多時候是看自己的經濟現況與孩子的表現決定，至於「標準何在」？有時孩子還得跟父母玩「猜猜看」。

沒有規律的給零用錢，讓孩子對經濟的掌握有無所適從、一切隨機的感覺，因此，容易喪失許多理財學習的機會。但相對的，這種家庭長大的孩子，時時會關注家人的情緒與家庭的經濟能力，對環境比較敏感，跟家族之間也有較高休戚與共的感情。

觀念 *9* >>>
消費練習

讓孩子練習付錢與花錢，
愈小開始愈好。

　　沒有人需要學習花錢，但每個人都需要學習聰明的花錢。花錢是融入社會的方式之一，沒有足夠的消費行為，就不能好好的了解社會，同時也難以了解錢的可貴，因為不了解錢的可貴，就很難激發儲蓄與賺錢的動力。

　　一般父母都費心的在教孩子「省一點」，其實，換個角度父母可以坐下來跟孩子談談「如何花錢」。並給他們多餘的錢，讓他們練習花錢。

　　國中三年級的美美，曾經也是媽媽眼中「花錢不節制」的小孩，例如有一年暑假，光是跟同學吃喝看電影就花掉五萬塊，因為媽媽一直認為她花錢很兇，所以從不給她身上有多餘的錢，不過，聰明的美美總是有辦法找到機會與理由拿到零用錢。而且她也拿準了父母一定會擔心她沒有錢用會學壞的弱點。但過完那個暑假之後，媽媽的零用錢策略改變了，她一口氣就每月給她一萬元，但是母女兩好好地坐下來研究如何「花」掉這筆錢，包括學生制服、補習費、手機通訊費以及部份的儲蓄與投資規畫。美美自己可支配的零用錢增多了，包括制服款試、手機要選

用那一家公司的支配權都在她自己的手上，美美反倒認真的規畫預算，並改掉用錢不節制的惡習。（本例請參閱 P78 財富規畫。）

　　很多父母誤會孩子太小，太早接觸錢對他們不好，其實即使是很小的小孩，也會因為擁有自己的錢包而高興，而能夠從自己的錢包中掏出錢來完成某件事，對他們而言，絕對比大人為他完成這件事讓他們珍惜。

　　而這種花錢訓練可以從很小就開始，例如五歲的小孩他買了一個麵包15元加一瓶養樂多6元，一共是21元，你就可以拿30元讓他自己去付帳，讓他們了解，東西是從錢的交換中獲得。

　　隨著孩子年齡愈來愈大，由他們自己付錢的項目也就可以逐步放大。上國中開始就可以增加零用錢數目，讓他們付手機費用、附卡費用甚至是分攤家中的電費、電話費，並且讓他們曉得，當零用錢增加，對錢相對的責任就要增加，而這種方法也有助於他們開始思索，在相同的服務、品質水準之下，是否有什麼更划算的方案？逼著他們養成「貨比三家」的精明習慣，而當他們毫無節制的講行動電話，卻付出高額的電話費時，自己就知道該改變消費習慣了。

有分辨能力的消費，
才能提升生活品質。

下載網頁超過10秒鐘，可能就想放棄；電話鈴聲超過5聲，就會很不耐煩掛斷； 5萬元的名牌皮件，一刷卡（或分期付款）立刻得手，根本不用等到存夠錢才能擁有……。但是這些快速與便利真的讓我們對生活滿意度提高了嗎？

生活機能愈來愈方便，人們的日子似乎沒有愈來愈悠閒，反而一切都顯得很急躁，而「急躁」正是現代人的理財盲點之一。

即使大人，偶而我們也可以關掉媒體雜音，冷靜的想一想：我們真的需要每半年換一次手機？是否有必要每一季添購所謂的「時尚行頭」？

如此急躁，關鍵乃是我們的消費往往沒有真正的被滿足過，很多開銷只是人云亦云的莫名其妙而已。

如果你冷靜的回想一下，貪圖一時便宜或因某種購物情境催促下所買下的東西，是不是有八成幾乎後來都堆在家裡變成棘手的垃圾！因此，應該教會孩子如何分辨什麼是生活裡的想要、必要，並學著忍耐，讓消費能為生活達到真正滿足的目的。

馬鈴薯與肉汁的理財遊戲

在美國有一種「馬鈴薯與肉汁」的遊戲，馬鈴薯代表日用必要的食物，肉汁則是美味添加物，父母可以舉身邊所有的東西讓孩子分辨什麼是「馬鈴薯」與「肉汁」。例如，書包就是「馬鈴薯」，書包上面的吊飾就是「肉汁」；一個可以喝水的茶杯就是「馬鈴薯」，強調美觀的設計茶杯就是「肉汁」。

為了創造美好的生活，我們當然不可能天天只吃乾巴巴的馬鈴薯、使用陽春書包與醜杯子，而是反過來思考，如果為了美味天天吃肉汁就會很膩；而買了過多講究的書包吊飾以滿足我們的想要，最後可能連買真正需要的書包的錢也沒有了。

沒有規畫胡亂消費，就算有再多錢買了再多東西，心裡還是不滿足，因為也許不停的買買買結果都只是在買肉汁，或一直都在買馬鈴薯讓生活感到很乏味。況且，每一個人手上所握有的金錢都是有限度的，想要東西一件接一件的買，總會把錢全花光，而滿足現實重要的消費也會因為錢不足留下遺憾。

現在就隨手指著商品，跟孩子玩玩這個分辨遊戲吧——筷子、手機、襯衫、電燈……

什麼是馬鈴薯？

什麼是肉汁？

利用「購物計畫表」，
分辨需要與想要。

購物權衡

　　區分想要與需要，並在消費時作出完美的平衡，說起來很簡單，但落實到生活中其實是相當困難的，即使精於家計的高手也常要內心交戰。

　　父母不必過度飾掩「即使當大人的，也常在內心進行金錢權衡。」的那種心情，例如，親子一同去百貨公司逛街，看到最新款的涼鞋忍不住試穿一下，店員又在一旁猛力催促什麼很好看、剛好有打折之類的，如果此行目的不在於買鞋，那麼就跟坦白跟孩子說，「雖然超美超想買的，不過，那是肉汁，我現在並沒有打算買。」

　　此外，如果孩子沒有時間陪自己購物，多讓孩子為你整理每個月的信用卡對帳單與發票，透過帳單也可以讓他們練習分辨何為馬鈴薯（需要）、何為肉汁（想要），父母偶爾對著自己的帳單消遣消遣自己也無傷大雅，至少讓孩子曉得，對抗這個令人盲目而急躁的社會，唯有自己當個有主見的消費者，才是明智的。

　　「購物計畫表」可以趁著發放壓歲錢時親子一起練習，也可當成日常購物單，練習幾次就會變成消費高手。

先不管什麼把想買的東西條列出來並寫出預算。

購物計畫表

說明

先從「買什麼」欄開始填寫，並把預估價錢寫上，接著依序列出想要、需要排名，再依據手頭預算就能訂出該買什麼、該捨棄什麼。

買什麼	預估	想買排名	需要排名	備　註	小　計
電吉他	10,000	1	1	社團要用的，很重要！！！	
錄音筆	5,000	2	4		15,000
演唱會門票	800	3	2	已經約好了	15,800
燒錄機	2,000	4	5		17,800
紀念球鞋	3,500	5	7		21,300
電玩儲值卡	1,000	6	6		22,300
練唱CD兩張	700	7	3		23,000
新手機	12,000	8	8	真的很想要，因為舊手機不流行了。	35,000
			合計		35,000

參考「馬鈴薯與肉汁」的需要、想要分辨方式再排列出需要的排名，就能掌握住該買什麼該捨棄什麼了。

結論

電吉他

演唱會門票

練唱CD

（錄音筆）

觀念 *12* >>>

積極主動 | 早早讓孩子與金融機構打交道。

跟西方國家比起來，中國人的孩子接觸金融機構的主動性與積極性是非常弱的，因為父母習慣掛在口邊的一句話是「把書念好，其他的都別管。」所以，為孩子買保險、銀行開戶、買基金、買股票等，都是由父母一手包辦。其實，孩子只要上過小學懂得寫自己的名字會算加、減，就可以讓他們自己到金融機構辦理有關錢的所有事情，包括開戶、存提款，有不懂的地方父母只要鼓勵他們開口問或上網找資料就好了，最好別輕易幫他們解決不了解的地方。至於存款簿、金融卡、印章、密碼等等也應該交由他們己保管。

此外，可別小看每月銀行提供的對帳單、投資報表，會看自己理財報告的孩子，在金錢的運用上會比較有自信，雖然第一次讓孩子看銀行帳單有點難度，父母可以帶著讀一次，但學會了就要讓他們自己看，而不是父母搶著看，要讓孩子明白這些錢是屬於自己擁有，也是自己的責任。

觀念 *13* >>>

激勵儲蓄 | 極冷酷無情，卻貼近現實的存款補助法。

儲蓄的好處，每個父母都知道，所以只要跟孩子扯上關係的理財商品幾乎都熱賣，從兒童基金、儲蓄險、教育儲金、財產信託......不一而足，然而，與其積極地為孩子儲蓄理財，不如製造出讓孩子愛儲蓄的環境。

回想一下以前我們怎麼儲蓄？一隻小豬每天把零用錢省一點下來、一本郵局存摺每年把壓歲錢放進去。

小豬、存摺雖然是儲蓄的基本功，但不要忘記，現在社會金融與消費環境跟以前大大不同，以常見的菠蘿麵包為例就很清楚了。

20年前......

　　一個波蘿麵包5元，定存利率8%--

　　也就是說，當年存1萬元--

　　一年之後利息可以買 160 個麵包--

現在......

　　同樣的波蘿麵包一個要20元，定存利率1.5%--

　　一萬元存一年的利息只能買 7.5 個麵包--

　　差距很遠吧！

菠蘿麵包的例子可以反應出幾個理財的問題，首先，要孩子存錢如果只是一味讓孩子把錢放進銀行，顯然是不夠用的。精明的父母要讓孩子留意利率、物價指數等等這些問題，積極的認識經濟環境。另外，現在銀行利息也太低了，光用銀行孳息的誘因顯然無法達到激勵孩子儲蓄的效果，所以父母可以參考「存款補助法」，就是孩子存多少、父母就補助多少。

　　這種方式的好處是孩子花一分力氣儲蓄，可以得到兩分的報酬（如右），因為數字很清楚就可以看得出來，比銀行利息更容易激勵孩子儲蓄。

　　採行存款補助法如果家中有兩個以上的孩子，那麼可能會出現：有存錢習慣的那位，財富增長很快，不但自己有儲蓄另外還可以得到父母的「補助」；而沒有儲蓄的那一位既沒有存下錢，也得不到任何補助。兩者相較之下就會出現少者愈少、多者愈多的情形，而且一旦拉開距離，就很難追得上。

　　就公平而言似乎很不公平，但父母必須讓孩子了解，現實的金融環境就是如此，愈有錢的人就愈有籌碼得到外力支援，愈沒有儲蓄的人可以得到的外力幫助就愈少。

孩子存多少(1,000)，父母就額外補助多少(1,000)，可以激勵孩子儲蓄。

孩子可提領的最高上限是他自己的儲蓄，以本例，提領額度是：1,500(1,000＋500)。

鼓勵存款補助表

說明

存多少就補助多少的方式，但孩子用錢的上限是他自己的儲蓄，不包含父母的補助，且每次提款，只有當他們把錢再補滿之後才能繼續獲得補助。

日期	存款	父母補助	提領 (僅能從自己存款中提領)	尚未補進的錢	帳戶餘額
3/5	1,000	1,000	-	-	2,000
3/25	500	500	-	-	3,,000
4/18	-	-	1,200	1,200	1800
5/25	400	-	-	800	2,,200
6/5	1,000	200	-	-	3400

雖然存了400元，但還未把已提領的1,200元補滿，所以就不予補助。

孩子存1,000元，扣掉該補齊的800元，父母只補助200元。

帳戶分類 | 不同帳戶，做不同的理財工作。

　　利用不同帳戶管理不同目的的錢，最簡單的分類方式就是1/3儲蓄、1/3投資、1/3生活零用。一般父母著重在教會孩子累積知識與技能，但也不要忽略了，可以對財務做出正確的判斷，同樣影響甚鉅。最起碼要教會孩子知道，不同理財目的的錢應該儘早送進不同帳戶，活存與定存要分開，買賣股票的帳戶更不能跟生活費的帳戶混在一起。這種分類的工夫，可以說是理財的第一步。

	金錢用途分類		建立獨立帳戶
A	生活必要的資金 隨時要用的錢。	消費 →	◎ 現金。 ◎ 銀行活期存款。
B	特定時段用錢 如幾星期或幾個月後要 用到的錢。	儲蓄 →	◎ 定期存款。 ◎ 變現性高、風險低 　的投資。
C	閒置的錢 當下無支用計畫，可供 投資創造利潤的閒錢。	投資 →	◎ 風險較高、預期報 　酬也較高的理財工 　具。

觀念 **15** >>>

身教示範 | 小錢大教育，
購物的三個小習慣。

習慣一：積少成多

對小小孩來說，10元可買糖、20元可以買筆；對大一點的孩子來說，100元可以買麥當勞、1,000元可以買牛仔褲……！

那麼，買電腦用什麼錢買呢？

「爸爸會刷卡買。」小明12歲，他一直很想要有台電腦，他解釋道：「因為那需要6萬塊錢！」

小明的反應很正常，因為就他的認知，如此大的一筆錢，他是付不起的。

但同樣的問題在同齡同學芳芳口裡，她的回答就很不一樣--

芳芳說：「媽媽每月存1萬，存了半年，我就跟媽媽一起去買電腦。」

當家長實行有計畫的消費與儲蓄，進而把這種習慣跟孩子分享時，就容易建立起良好的理財習慣。

當然，這裡指的並不是不要在孩子面前刷卡消費，而

是當自己或孩子想要買比較大的東西時，最好能在幾個月前（幾周前或幾天前）就開始計畫並進行儲蓄，在付錢（刷卡）與商品交換的那一刻，讓孩子知道，付錢（刷卡）的那一剎那其實是一段時間的金錢規畫與守規矩，有小錢的累積才有大錢的力量。

如何讓孩子從小就對「小錢」很重視呢？

身教是非常重要的，如果大人平常小零錢就亂丟，小孩耳濡目染就容易輕視「積少成多」的價值，所以，當孩子還小時，就可以在他看到的地方準備撲滿，有小零錢就丟進去，一段時間就拿出讓孩子跟自己一起運用這筆錢，例如，累積了一個月的小零錢，就可以跟孩子一起拿去買書、買衣服，順便告訴他們，這些錢一個一個看都是少少的，但聚在一起就很有力氣，可以做很多的事。

習慣二：學習忍耐

帶孩子購物時常會出現兩種極端狀況，第一，他不會決定自己要買什麼；第二，他每一樣都想搬回家。

應付這種狀況，最好的建議是在出發前要先跟孩子討論，你準備給他多少錢？他想買什麼？如果你決定他的自由支配預算是600元，但孩子卻想買1,000元的電玩，就可以建議孩子應該存兩次的預算再來購買，千萬別讓步為了

滿足他們的需求而由父母付錢了事。如此，孩子就可以從一次一次的花錢訓練中知道，錢是有侷限性的，為了達到消費目的，只有暫時忍耐一點一滴的達成目標，或者作出選擇，例如從固定的零用錢中省下另外的400元。

習慣三：當一位有主見的消費者

孩子的模仿力超乎大人的想像，大人某些不經意的動作往往成為孩子認為理所當然的習慣，因此，帶著孩子出門消費時家長必須以身作則，別因為廣告而胡亂消費店家的促銷商品。

每個人一定都有這種經驗——明明預算只是買報紙，但看到新口味的促銷產品，就隨手也買了一個。會刺激「無意義消費」的大都是放在櫃檯前非必要商品，如果孩子在場的話，很容易會模仿大人這種「看到就想擁有」的不良習慣，更進一步的，也會要求跟大人一樣，看到想要的小零嘴或新鮮玩具就想買。

隨手購買是一項不良的示範，習慣養成後就不容易成為一位有主見的消費者，尤其無法對抗無所不在的廣告攻勢。教孩子理財，最終目的不是逼他們省錢或變守財奴，而是教育孩子在有限資源裏把錢浪費在無意義的消費裏，如此才有贏得大目標的機會。

利用家庭資負表與損益表，開口跟孩子談財務。

幾乎每個孩子都問過父母「我們家有沒有錢？」。

其實，孩子上國中以後，父母就可以大方的把家中的經濟狀況跟孩子說明，不過，很多父母會以為家庭經濟是有「標準值」的，也就是說，大人會主觀的認為，孩子應該知道家中的經濟是有一定限度的！

事實上，當孩子想了解家中的經濟情況時，他們的目的並不是在於錢本身的多寡，而是他們想具體的知道，他在整個家庭的經濟鏈中所佔有的定位與價值！當大人的也別低估他們的觀察力，孩子比我們想像的要懂事得多，當大人為財務之事發愁的時候，即使你拿了比平常多一倍的零用錢給他，他們也感受得到家長的焦慮；而如果你是一位經濟狀況很寬裕的家長，卻天天質問孩子「10塊錢花那兒去了」，也別以為孩子不曉得「其實你很有錢」。

一般家庭孩子跟父母在錢的互動上往往流於表面，孩子只知道，沒有錢就向家長要，要不到就吵，吵久了就會有；也有一類的小孩是，明明很想花用某些錢，但為了不讓父母多操心，就一直克制慾望。例如，媽媽跟讀高三的

小華講家裏的財務現況，每次總是說，「付房租、付水電、付會錢、家中開支一個月就剩下不到2仟元，有時還透支。」另外，家境寬裕的高三生莉娜，則很不耐父母總說：「雖然父母付得起你每個月換一個名牌包包，但可別養成浪費的習慣！」

什麼叫「透支」？

什麼叫「浪費的習慣」？

大人也許不覺得這樣的語詞有什麼不妥，不過，當孩子接收到這樣的口頭訓斥時，他心裡想的可能是：

「我沒用！我不會賺錢！我不該去看電影！我不該吃飯！不該買衣服……！」

「爸媽自己根本就是愛錢愛得要死守財奴！他們從不關心我的需要。」

基本上，以上的「對話」完全稱不上與孩子溝通家庭經濟，反而是情緒加上恐嚇的成份居多，除了造成心理的負擔與反感之外，孩子也難以找出自己的定位與價值。所以，家長在跟孩子溝通家裡財務時，最好準備簡易的家庭財務報表與家庭收入損益表。有了具體的數字，比較容易與孩子產生良性互動。而且，在孩子眼中看來，你也是位很專業的父母哦！

_____家的資產負債表

我們家的資產	我們家的負債
房子市值=	房子貸款=
車子市值=	信用卡未付總額=
股票市值=	信用貸款=
黃金與其他值錢的東西市值=	現金卡=
活會已繳的會錢=	死會未繳的會錢=
儲蓄保險儲蓄部份已繳=	借來的錢=
現金=	其他負債=
活儲=	
定存=	
以上加起來一共是=	以上加起來一共是=
總資產—總負債=	

_____家的每月損益表

每個月的收入	每個月的支出
固定收入=	房貸=
加班=	車貸=
外快=	房租=
其他常態性每月收入=	會錢=
	生活費=
	水、電、瓦斯、電話=
	每月一定會發生的=
小計	小計
收入－支出=	

● 固定收入是指全家總收入,不固定的人就捉平均數。

● 其他常態每月收入,包含定存的固定利息、房租租金收入等。

● 水、電、瓦斯、電話費,按月平均數計算。

● 每月一定會發生的,像是給長輩的、孩子才藝課、孩子零用錢等都算在內,以下有空白欄,你可以分類填寫,也可以採細項逐列。

自己都搞不定理財，
怎麼辦？

　　許多父母擔心自己錢太少沒有條件理財，更別提教孩子怎麼理財了！

　　廣義的來講理財，是一種提高金錢的知識與駕馭財富的態度，長遠來講它是提高生活的水準，所以，父母自己應該放開心，不管目前的經濟狀況如何、理財實務經驗夠不夠，都不要排斥跟孩子談錢。中國人常說「富不過三代」，有錢人家錢太多了忽視金錢管理與金錢教育，當然富不過三代；現代又不少學者提出警語：「窮，會遺傳。」不管是要打破富不過三代的魔咒；還是要跳脫貧窮的輪迴，學習，會給人絕對的力量。而且，學習的起始點不是從身上有一筆足以安慰的錢財開始，而是從日常一塊兩塊開始。因此，不管是有錢還是沒有錢的父母，都有立場與條件跟孩子談理財。

　　父母如果本身投資的經驗與知識不足也不必羞於跟孩子一起學習，跟孩子一起調查股票歷史資料、討論那家公司賺幾塊錢、比較那種保險制度合理……其實是件不錯的親子經驗。

觀念 *18* >>>

| 家庭打工 | 區分義務勞務與付費勞務。

看外國影片常常有個場景──孩子假日幫家裏整理花園，爸媽就發給他們工資，有時他們不只幫自己家做，也會幫忙到鄰居家打零工，包括整理草皮、照顧孩子、遛狗、刷油漆等等。

透過體力勞動教育孩子錢不是從爸媽口袋裏掏出來的，的確是件好事，但絕不是準時寫完功課、幫忙洗碗都拿錢當獎勵。要讓孩子知道，他是家裏的一份子，洗碗、擦地板、收玩具、整理內務等等，這些都算是家庭成員的「義務」，不可以養成孩子動不動就要求給錢的習慣。

建議付費的家庭勞務像：洗車、整理花圍、刷油漆、照顧弟弟妹妹等等，如果家裏是經營生意的，請孩子幫忙看店、發傳單也可以酌量的給報酬。此外，也可以跟孩子商議：星期一~五多於義務性質，星期六、日則屬於付費的。付費的時候要讓孩子清楚的知道，家長可以選擇僱用外面的人來做這些工作，只是把機會讓給他，所以，要取得相等的酬勞，是必須工作認真、用心，若是做得不好，家長是有權利「退貨」的。下表是家庭打工的建議費用。

> 「家庭打工」不可以隨意讓孩子草率完成就取得報酬，必須有基本的驗收程序，讓他們從打工中了解勞動與金錢的關係。

工作單範例：

6-8歲（範例）

義務勞動沒有報酬	家庭打工有報酬	金額
整理床鋪	掃地	20元
收碗筷	擦玻璃	50元
收玩具		

9-13歲（範例）

義務勞動沒有報酬	家庭打工有報酬	金額
整理床鋪	擦玻璃	50元
收碗筷	整理花園	150元
收玩具	遛狗	20元
倒垃圾	洗車	50元
掃地		

14歲以上（範例）

義務勞動沒有報酬	家庭打工有報酬	金額
整理床鋪	擦玻璃	50元
收碗筷	整理花園	150元
收玩具	遛狗	20元
倒垃圾	洗車	50元
掃地	帶弟弟妹妹	100元
	刷油漆	500元
	幫狗洗澡	50元

> 年紀愈大應該負擔的家庭義務勞動就應愈多。

創意開發 | 鼓勵孩子想想賺錢好點子。

　　家裏的舊報紙、舊書可以讓孩子自己整理並找舊貨攤收購，賺錢的同時，也可以讓他們知道資源回收的概念。這樣子的做法建議可在每一個學期結束時進行一次，順便讓他們把上學期的文具、書籍作一個總整理。

　　現在網路很普遍，如果孩子夠大，讓他們上網拍賣家裏汰換的傢俱、電腦、衣服等等，家長再跟孩子「拆帳」，也是讓孩子提早進入商業社會的一種訓練。

　　曾有篇報導指出，中部某中學的女學生，她的興趣是架設網站。有一年這位中學生的爺爺所種的文旦因故滯銷，她就想了辦法利用網站銷售，結果不但成功的賣出爺爺當年度的文旦，周圍的農民也紛紛拜託這小女孩為他們的農產品進行網路直銷的工作。

　　有些學校的教師，會集合班上同學的零用錢一起合購小花苗、肥料等，全班一起照顧一批花苗，再配合學校的園遊會、校慶等節日出售牟利，讓同學從實做中知道商業的交易雛型，不管賺賠這都是很不錯的經驗。

獎懲標準

理財歸理財，
不以金錢誘導孩子讀書。

　　中國人很重視「科考」，不少家長延續這種觀念，會以獎金來獎勵孩子拿高分。但現實社會裏並沒有考試拿高分就可以取得高報酬的必然結果，反而把錢跟考試分數扯在一起，容易讓孩子產生價值觀錯亂，誤以為考高分，是取得美好生活與一切所要的唯一武器。因此，建議父母應該讓孩子知道：唸書、接受學校評量是學生義務，價值是不能用錢來衡量的。

　　對於在課業上表現良好的孩子，家長可以在他喜歡科別上做特別的安排，例如喜歡英文，可以讓他們參加海外遊學團；喜歡自然課就可以報名大自然體驗營之類的。

　　讀書歸讀書，相對的理財歸理財，有些孩子可以很有計畫的把金錢打理得很好，規畫零用錢有規矩，父母反而可以拿錢獎勵他們。試想，銀行不也是如此嗎?比方說你20年前在A銀行開戶，這些年來薪水轉帳、房貸、基金、股票、信用卡在A銀行都有完整的優良信用記錄，銀行對這種熟悉的好客戶自然禮遇有加。因此，會理財重金錢信用的孩子，父母反而可以拿錢獎勵他們也是合理的。

工作無貴賤，
父母的謀生之道也一樣。

　　除了打工，否則一般孩子對於「錢」與「工作」是如何轉換的並不是那麼清楚。如果有機會讓孩子參觀自己的工作場所，再畫一個「工作、收入流程圖」跟孩子分享是不錯的親子活動。

　　對於受薪家長而言，讓孩子參觀自己的工作場所是比較有困難的，但是，也不一定要是自己的工作場所，路上的修路工人、計程車司機、麵包師傅、歌手、立委、醫生......很多都是機會教育的活教材，每一種職業都有他們付出勞力取得報酬的方式，有些人付出體力多、有些人付出腦力多、有些人付出的是專業、有些人付出的是天賦，家長可以從多面的角度去解構不同勞力與取得報酬的方式，但要特別注意，不要夾帶對職業的歧視，因為只要是正當取得勞務的工作都是值得尊重的。

　　要告訴孩子，這些人為社會付出心力取得金錢是應該的，但那些沉迷於「等待中樂透」與「企圖從賭博中獲利」的就絕對不可取。

觀念 22

正視數字 ｜ 會算單利複利，
懂得利率與時間的威力。

　　可以跟孩子玩一個遊戲，讓他們選擇一次擁有1仟元，還是第一天一元，第二天2元，第三天4元，第四天8元……以每天翻一倍的方式共兩星期。

　　最好每位孩子都選擇1仟元，因為如果他們選的是後者，父母就需付出8仟多元。

　　若父母很大方，讓他們以每天翻一倍的方式持續30天，得付出的零用錢是5億多（536,870,912）的天價。

複利的威力

第1天	第2天	第3天	第4天	第5天
$ 1	$ 2	$ 4	$ 8	$ 16
第6天	第7天	第8天	第9天	第10天
$ 32	$ 64	$ 128	$ 256	$ 512
第11天	第12天	第13天	第14天	第15天
$ 1,024	$ 2,048	$ 4,096	$ 8,192	$ 16,384
第16天	第17天	第18天	第19天	第20天
$ 32,768	$ 65,536	$ 131,072	$ 262,144	$ 524,288
第21天	第22天	第23天	第24天	第25天
$ 1,048,576	$ 2,097,152	$ 4,194,304	$ 8,388,608	$ 16,777,216
第26天	第27天	第28天	第29天	第30天
$ 33,554,432	$ 67,108,864	$ 134,217,728	$ 268,435,456	$ 536,870,912

○ 單利與複利的算法。

✎ 算算公式 單利算法──

單利＝金額×利率×存期（以年為單位）

例如：銀行告訴你，你儲蓄的年利率是2％，現在你存入
1,000元單利計算，三年之後利息總額是。

第一年:1,000元×2％＝20　　第二年:1,000元×2％＝20

第三年:1,000元×2％＝20　　三年總利息:20元×3＝60元

✎ 算算公式 複利算法──

複利＝（金額＋已得利息）×利息×存期（以年為單位）

例如：銀行告訴你，你儲蓄的年利率是2％，現在你存入
1,000元複利計算，三年之後利息總額是。

第一年：　1,000元×2％＝20

第二年：（1,000元＋20元）×2％＝20.4

第三年：（1,000元＋20.4元）×2％＝20.408

三年總利息：20元＋20.4元＋20.408元＝60.808元

存100萬利息目標10萬，利率不同，花的時間就不同。

$$\frac{年利率0.225\%}{活期儲蓄存款} \rightarrow 要\quad 44\quad 年多$$

$$\frac{年利率1.35\%}{定期儲蓄存款} \rightarrow 要\quad 7\quad 年多$$

「信用=責任」是恆等式，
練習信用卡父母只能是財務顧問。

　　一位退休教師氣急敗壞的拿著3個孩子的信用卡帳單，
跑到銀行櫃檯指著小姐大罵：

　　「現在我把帳單全繳了，卡片也全剪了，求你們再也
別發卡給我的孩子了。」

　　花了上百萬償還卡債，但她得到的答案卻是：

　　「就算我們不發卡，別的銀行也會！」這位痴心媽媽
可能還搞不清楚，因為有借有還，信用累積的結果，銀行
不但搶著發卡，還會提高信用額度......。

　　沒有經濟能力的孩子，可以讓他們也擁有信用卡嗎？

　　如果可以的話，愈早開始給孩子信用卡愈好，不過，
父母可不能像案例中的媽媽一樣，本身既沒有用卡常識也
沒有教育孩子理財的方法，那就適得其反。

　　信用卡是全世界趨勢，將來只會愈來愈普遍，既然無
法走回頭路，所以讓孩子提早開始練習使用卡片沒有什麼
不好，而且，孩子如果能從父母的附卡開始使用起，好處
不少，一來，正卡持有人可以設定附卡刷卡額度，若有不
當使用的情形，損失還能在掌握之內；二來，讓孩子看自

己的帳單，學會掌握起息日、結帳日、利率，有理財的積極意義。

雖然父母都希望孩子清楚「信用=責任」，但是，家長還是十分的不放心，企圖借著這種電子貨幣追蹤孩子用錢流向的有之、繳不出卡費最後還是父母出面「買單」的更是大有人在。

也許一開始父母會講得慷慨激昂，訓誡他們「萬一付不出錢來，我們絕對不幫忙。」

但是，在講的同時心裡其實十分矛盾，一方面怕這樣的「恐嚇」非但不能讓孩子學到獨立與責任，反而在有了麻煩時不敢找父母幫忙或是留下信用污點那就更遺憾了！

因此，在讓孩子學習理財的過程中，父母轉換角色是很重要的，也就是說家長最好把自己當成一個「理財顧問」，只從旁提供必要的諮詢與協助，遇到問題時父母可以幫著他們一起想辦法、一起度過財務難關，但別輕易幫他們處理。例如，孩子一口氣當月欠了卡費2萬元，但平日每月零用錢只有2仟元，擔任「理財顧問」的父母可別跳出來臭罵孩子一頓，隔天一早又趕去銀行幫孩子還錢......，那就完全失掉孩子學習理財的意義了。遇到這種情形，應先建議孩子檢查帳單，回憶這個月到底那些花費出了問題？是沒有好好的記帳？還是跟沒有事先規畫刷

了超過預算的錢？至於很殘忍的還款問題，則要指導孩子擬定清償計畫，若每個月的零用錢不足償還需要動用到借錢則可以陪著孩子由成本最低的錢開始籌借起，或考慮打工。總之，教孩子理財，父母請守住「顧問」的角色吧！當孩子出現財務問題時，家長可以指導可以建議，但別輕易為他們解決，雖然父母遇到這種情形總難免生氣、擔憂，不過，如果因為錢的事雙方陷入負面情緒的不良親子互動中，反而容易讓孩子不信任自己，所以，如果孩子用錢用卡不當，不妨反過來恭喜他們一下吧！因為用錢是需要學習的，就像參加聯考前總要先大考小考一番，把它當成是學習的一環就不容易陷入情緒化的不理性中了。

用卡常識 | **四個基本的信用卡簡易計算。**

　　信用卡很好用，但若要精算起來卻有點小複雜，掌握住底下幾個要項，可以快速清楚相關的用卡常識：

　　一、通常結帳日到繳款截止日有15～20天，因此結帳日後第一天刷的消費到繳款截止日有約45天免息。比方說，A卡的結帳日是每月13號，截止繳款日是每月28號，大年3月14日所刷的消費，只要到4月28日之前繳款即可，這其間有45天免息，依此類推，所以結帳日後刷卡最省息。

　　二、假設你使用循環利率19.8％的信用卡消費1,000元，此後不再消費任何商品，如果每月只繳2.5％的最底應繳金額，要花五年半的時間，才能清償這筆消費，而你所付出的所有利息約有648元。以上可當成孩子使用信用卡的「利息口訣」，提醒他們無法當月繳清卡費的代價。

　　三、某銀行信用卡結單日為每月25日、利息起算日26、繳款截止隔月13日、循環利息是19.7％。

　　假設麗麗六月份消費15萬，但只繳了9萬，尚欠6萬，隔月收到帳單後循環利息「只有」1,821元，但折算成年利率卻是高達36％

計算期間	天數	計算基準	利息
6/26～7/26	30	60,000	985
6/26～7/13	17	90,000	837

循環利息為　→　1,821(985+837)
換算成年利率為　→　36%(1,821×12/60,000)

　　以麗麗的消費與繳款方式，如果每個月都是如此，那麼她等於是以年利率36%的條件向銀行借高利貸。如果角色轉換一下，換成麗麗是以6萬元年複利36%的條件把錢存進銀行，20年後，這筆錢最終將變成2仟多萬！很恐怖吧！

第 1 年	$60,000	第 11 年	$1,298,794
第 2 年	$81,600	第 12 年	$1,766,360
第 3 年	$110,976	第 13 年	$2,402,250
第 4 年	$150,927	第 14 年	$3,267,060
第 5 年	$205,261	第 15 年	$4,443,201
第 6 年	$279,155	第 16 年	$6,042,753
第 7 年	$379,651	第 17 年	$8,218,145
第 8 年	$516,326	第 18 年	$11,176,677
第 9 年	$702,203	第 19 年	$15,200,280
第 10 年	$954,996	第 20 年	$20,672,381

四、高中畢業之後，孩子或者繼續上大學或者就業，都應該鼓勵孩子以自己的名義申請信用卡。除了儘早讓他們管理自己的信用，最重要的，也可借此累積信用。

以往許多人不懂得累積信用的好處，當他們進入社會，想要貸款買個房子、買個車之類的，就會碰到累積信用不足，不能貸到優質貸款的問題（如額度不能太高、利率不可能太低）。

許多理財觀念偏保守的父母可能會想，實在不希望讓孩子認為「貸款買汽車」、「貸款旅行」是天經地義的，他們還是傾向教育孩子「量入為出」的觀念。

持有這種見解的父母當然是對的，不過，請別忘記，即使我們不希望他們如此做，但他們已經在這樣做了！

所以，請父母一定要了解未來的世代，學會「負債管理」就跟賺錢一樣重要，既然這種趨勢擋不住，最低限度要教會他們應該有「安全負債水平」的概念，就是每月償還負債不可高過月收入的20%。

安全負債水平

第二篇：理財實務篇

理財,是需要練習的,

就像學英文,

「環境」對了比苦讀還重要。

本篇詳述零用錢、壓歲錢、與日常財富管理,

愛孩子,

就提供孩子一個好的理財學習環境。

觀念 *25* >>>

親子合約 | 守規矩、守法的好法寶--
零用錢合約書。

　　零用錢就像孩子做生意的資本，親子找時間把它定義清楚，再簽個合約書，父母省事、孩子也會更懂事。

　　很多父母無法接受與孩子「訂合約」這種事，但是換一種角度想想，跟孩子把零用錢的使用權限、獎懲、借支制度一一訂定清楚，好處真的很多。在消極面，它陳明了父母對錢的價值觀並白紙黑字的寫出「家規」，當孩子出現不當財務運用時，可以「依法有據」；在積極的一面則是讓孩子認清，在不「違法」使用的前提下可以自行發揮理財的創意與規畫。

　　擬定合約書時父母不必過度遷就孩子的反應或需求，就算主觀的要求一些孩子不想遵守的規定也無可厚非。據說富商李嘉誠雖然很有錢，但每月給孩子的零用錢都堅持先扣下10%當成「稅金」，這種幾近無理的規定一般人或許覺得根本是「找麻煩」，然而對李嘉誠這種叱咤商場多年的企業家而言，任何所得如果沒有先預扣稅金，根本就不能當成是淨所得。

　　你的「家規」是什麼?想一想吧!

零用錢定義清楚，讓孩子口袋愈早有自己支配的錢就愈容易學習理財。

理財合約書

____媽媽____ 甲方 按月付給 ____小華____ 乙方 零用 __1,000__ 元

1、零用錢不含

每日早餐費，文具書籍，交通費

2、零用錢含

零食，玩具

（或如附件，第____頁）

3、零用錢中 __200__ 元為固定存款必需存入 __郵局__ 。

其餘的 __800__ 元為自由支配的錢，並需配合以下的零用錢使用準則：

1、不得於網咖消費。
2、不得購買香菸、酒。

用錢準則可以是單方（父母）的規定，就像到每一個不同國家都得遵守當地的法律一樣。

4、若有違反的情況，將受以下處罰：

停止零用錢發放兩個月。

5、若需透支或預借零用錢，需於 __30__ 日之前跟 __爸爸__ 商議，同意後會視情況給予預借現金，每一筆預借款手續費為 __50__ 元，利息為月利率 __2__ %。

6、月底時 乙方 要 __匯回記帳簿__ ， __媽媽__ 甲方 由此判別 __小華__ 乙方 的零用錢運用情形，若合於以下幾點標準，最高可得 __300__ 元的獎金。

1、帳目清楚。 2、花費合理。 3、分享與行善得當。

預支服務或消費需要付出代價，是從小就要具備的理財素養。

7、合約內容將按照實際的情形與需求每 __6個月__ 調整一次。

立約人：

____媽媽____ 甲方 ____小華____ 乙方

理財歸理財，跟讀書、考試等等賞罰最好區分開來。

如果你同意跟孩子把零用錢的事說清楚講明白，那麼一定要把零用錢定義清楚，最好不要存在太多模糊地帶，並且要多給孩子自由支配的空間。

　　比方說，10歲的孩子每月零用錢是300元，父母可以給他600元，但要先聲明這600元並非全是零用錢，而是經營生活的資本，他可以自行安排儲蓄、消費的比例，或者安排三個月、六個月的消費計畫。

　　當父母的其實不用太擔心多給了零用錢，小孩會浪費或胃口愈來愈大，因為，如果孩子從小就會把身上的錢花到一毛不剩，長大了也不用期盼他們會一夕之間變得精於理財；相對的，把手邊的資本「留下一部份」的習慣也容易延續到長大以後。總而言之，孩子口袋愈早有錢，就愈能適應成年以後的經濟社會。

　　右表是範例，簡單的把支出分為固定與不固定，你可以配合家中實際的情況與小孩的年紀跟孩子認真的討論，如果孩子已經夠大了，也可以討論儲蓄、投資、大項消費應該由誰主導的問題。

由孩子負擔的部份建議用「預算」的方式，讓中間有彈性運用的權限；由父母負擔的部份，就算是「實報實銷」最好事先都列出預算。

常態性會發生的費用像餐費、車資等。

不定期或不一定需要的部份，如置裝、同學聚餐。

零用錢設定表

說明
每月會發生的費用，分為固定與不固定整理出來，並將由誰負擔列明，就能確實掌握零用錢的數額。

固定支出部份

項目	預算	由誰負擔
午餐	1,800	小維
車費	900	媽媽
日用品	500	小維
補習費	5,000	媽媽
手機通訊費	600	小維
參考書	500	小維

非固定支出部份

項目	預算	由誰負擔
置裝費	1000	小維
電影、租DVD	500	小維
蒐藏（F1方程式賽車周邊）	不一定	小維
換手機	約1萬	小維
文具	200	媽媽
外食、班級聯誼	1000	媽媽
課外書	500	媽媽
禮物	200	媽媽
零食	500	小維
演唱會	不一定	小維
制服	1500（每學年一次）	媽媽

理財入門 | 再忙，
也要陪孩子規畫壓歲錢。

　　壓歲錢是絕佳的理財入門！　請陪著孩子扮演消費者、儲蓄者、投資者三種角色，一口氣教會他們了解基本的金錢概念。

消費者訓練

　　一年一度的壓歲錢如果先從「消費」開始安排起，很自然的思考邏輯就會變成「有餘額再來儲蓄」的反應，而這也是絕大部份人安排手中現金的習慣。

　　正確的做法應該是先排儲蓄與投資，最後才安排消費。這種做法無關金錢的多少，而是一種習慣性管錢的訓練，孩子如果能夠在年度有大筆「進帳」時就練習先儲蓄後消費，以後他在編排日常生活開銷時，也會延續這種習慣。以壓歲錢3萬元的高二生小維為例子（右頁），如果他優先安排想要買的東西，就會變得沒有錢儲蓄了。

順序是先定出規畫、比例，最後再往右排出細項，這樣就容易掌握開支。

已有大方向但未定案的錢，先開新帳戶將錢存入。

預算編排表

說明
處理大筆現金時，先將儲蓄項、投資項優先規畫，再安排消費項目。

總額 __30,000__ 元

規畫	佔總額比例%	項目安排	備註
儲蓄	20%	定存3000元	年利率1.75%
		活存3000元	隨時當零用錢
投資	33%	基金10000	先開基金戶頭存入。再找投資標的。
消費	47%	電吉他10000	
		演唱會門票800	
		練唱CD兩張700	
		錄音筆（3000）	正確價格是5000雖然很想買，但預算不夠，所以先留3000元等存兩個月零用錢再購買。

比例可以由親子討論後決定。

預算不足時，可以把已有的部份先存下來，等到幾個月後存夠了錢再消費。

儲蓄者練習

10塊錢銅板很不起眼，但1千個10元銅板就足夠海外遊學一個暑假！儲蓄的道理與好處大家都知道，但要激勵小孩主動並有效率的儲蓄並不容易，右頁的金錢計畫表可以當成參考，它的方式是讓「用錢計畫」很具體的先被勾勤出來並對應自己與家人重要成員的年齡。金錢來源可以是來自長輩所給的零用錢儲蓄或是自己的打工等等，總之，激勵儲蓄的來源往往是來自於目標，若是很模糊的告訴孩子儲蓄卻沒有具體的目標，效果往往不佳。

現在的孩子受同儕與廣告的影響，往往可以輕鬆舉出100個「敗家有理」的消費藉口，而有遠見的父母，則要灌輸「敗家無罪，但得有品味」的消費觀，往往能及早讓孩子知道，其實，把錢盲目的花在短暫的享樂或攀比上是很不酷的。

父母可以請孩子模擬一下，一條又一條名牌牛仔褲、不斷推陳出新的手機，這種敗家儘管有理，但總不如一年一年把錢存下來做個有意義的大敗家來得有價值，因為當手上的資金充裕，就能以其交換到對人生較具指標性意義的商品或服務，例如小維如果每年存3萬元，5年15萬就足夠用自己的錢在大學畢業之前付房屋頭期款或支助出國唸書，總之，有長期財務計畫，金錢就不致浪費在看似很急但其實完全不重要的事情上。

寫下與自己理財方面重要關係人的每年預估狀態。

開始有收入的人也可以寫計畫賺到的錢或計畫達到的年薪、位階。

除目標具體還要估出金額，才能築夢踏實。

想要不久將來具某種專業技能賺錢，現在就要開始準備並自我訓練。

5年 MONEY PLAN

說明

以自己為起點，記下未來五年跟自己生涯規畫重要相關人的姓名與應對的年齡。規畫時要考慮通膨與利率。

年度\姓名	2006	2007	2008	2009	2010
小雄	18歲	19歲	20歲	21歲	22歲
小雄	高二	高三	大一	大二	大三
媽媽	48歲	49歲	50歲	51歲	52歲
媽媽				退休	移民

用錢計畫	教育			美國交換學生50萬		
	休閒		日本畢旅2萬			購車頭期款10萬
	儲蓄		1萬	1萬	5萬	
	投資		3萬	3萬	5萬	
	合計		4萬	54萬	10萬	10萬
金錢來源	父母		10萬	60萬（托福獎金）	10萬	10萬
	打工				家教、翻譯20萬	家教、翻譯20萬
	合計		10萬	60萬	30萬	30萬

投資者訓練

什麼叫投資者呢?簡單的說就是把錢拿去做生意。

「錢」是商品,當我們手上有多餘的商品時,可以儲蓄,也可以透過理財的方法經營它從而收取高於銀行利息的預期利潤。不過,投資就跟做生意一樣,報酬與風險必然成正比,也就是預期報酬愈高、賠錢風險就愈高。因此投資之前不能只考慮到「能賺多少」,更要掌握住損失時的風險承擔問題。投資的基本概念有以下兩項:

a、從事風險性的投資比例,與年齡成反比。

你可以用　100—年齡×％＝風險投資％　公式計算。

假設你今年20歲,那麼可以用來從事風險投資的比例就是:(100－20)×％＝80％

如果你只有10歲,那麼可以拿來用做風險投資的比例就是:(100-10)×％=90％

b、時間與複利,是全世界最厲害的賺錢工具。

理財愈早愈好,別看一年紅包少少的,買個吉他、買個手機就不見了,第一年的本利和看不出有很大的差別,但放到第二年、第三年、第四年……如此下去,十年、二十年將比別人輕鬆有錢得多。不過,不管所投資的是那一種理財工具,都必需當一個認真且高EQ的投資人,若是人云亦云或只信廣告,那還不如穩穩的把錢放銀行的好。

【範例】 Andy與小明是同齡同學，Andy13～19歲每年存30,000元;小明一直到進大學時(19歲)才開始。假設兩人均投資在年複利10％理財工具上，33歲那年兩人都突破百萬元，但Andy只花了6年，小明卻花了15年。

Andy比同學小明早6年投資，並在第七年之後就不再投資一毛錢，只讓既有的本利和利滾利。

小明因為起步晚了6年，就得花15年時間，才能跟Andy有一樣的存款水準。

年齡	Andy只在13～19歲只花6年投資	Andy本利和變化	小明19～33歲共花15年投資	小明本利和變化
13	30,000	$33,000		
14	30,000	$69,300		
15	30,000	$109,230		
16	30,000	$153,153		
17	30,000	$201,468		
18	30,000	$254,615		
19	0	$280,077	$30,000	$33,000
20	0	$308,084	$30,000	$69,300
21	0	$338,893	$30,000	$109,230
22	0	$372,782	$30,000	$153,153
23	0	$410,060	$30,000	$201,468
24	0	$451,066	$30,000	$254,615
25	0	$496,173	$30,000	$313,077
26	0	$545,790	$30,000	$377,384
27	0	$600,369	$30,000	$448,123
28	0	$660,406	$30,000	$525,935
29	0	$726,447	$30,000	$611,529
30	0	$799,091	$30,000	$705,681
31	0	$879,000	$30,000	$809,250
32	0	$966,901	$30,000	$923,174
33	0	$1,063,591	$30,000	$1,048,492

觀念 27 >>>

資產管理

一輩子富裕無憂，
從記帳邏輯訓練起。

就算每月只有300元，也要學會「整塊式」規畫零用錢，也就是像企業一樣，月初先扣除儲蓄與負債（卡費或各式帳單）最後才排零用錢。在具體執行上，可以依以下的順序與記帳概念規畫記帳內容：（以下以大二學生大年為例。）

1、統計資本

父母給孩子的投資往往不是「零用錢」而已，買保險、基金、定存等都應算是父母提供給孩子的「資本」，不管這些錢是父母或孩子自行處理，月初都該進行一大塊一大塊分類整理。

在參閱下面的範例時，你會發現有所謂的「保留費」，它的用意在於預防小孩把本來該自己支付的部份也當成零用錢花完，但若由父母默默為他們承受的話，又起不了「盈虧自負」的效果，所以，像基金、股票、通訊費就可以保留在父母身上，但還是列在帳上。

2、先考慮提列

那些本月已知跑不掉的費用、儲蓄、投資，月初編排預算時就先把它提列出來，以防止到了時候沒有錢或透支。這種邏輯可稱為「理財必殺技」，一旦孩子經濟獨立之後，就能避免為了滿足一時的消費慾望而胡亂刷卡或告貸了。提列分為儲蓄、投資與大項消費，讓孩子動手規畫才能達到學習理財的目的！

3、負債部份

　　經濟結構讓未來每個人可能都是大負債家，做好負債管理的訣竅就是記帳！

　　此外，值得注意是分期付款。現在即使是學生，利用分期購物也很普遍，很多人不是因為付不起錢才利用分期，而是許多百貨公司與三C賣場提供了「分期0利率」的優惠方案。採用分期付款，不見得是個好的消費方式，但卻是趨勢，雖然說它可以省息，不過，如果沒有好好的管理，缺點大於優點。

4、計算零用錢

　　大筆開銷都已經提列之後，零用錢額度除以30（31天）就可以捉出每一天大約可以花多少錢。在月初挪5分鐘把以上的記帳流程「跑」一遍，理財效果極為強大。

月初把預估金額寫下，不確定的數字就捉個概略，等到實際發生時再把實際支出填妥。

本月資本

項目	金額
上月餘額	125
零用錢	13,000
保留基金	5,000
保留保險	2,000
保留手機費	1,000
合計 A	21,125

提列部分

	項目	預估金額	日期	現金	信用卡	(卡別)
儲蓄	活存	1,000	5	1,000		
投資	基金	5,000	5	5,000		
	保險	2,000	5	2,000		
提列消費	手機費	1,000	18	490		
	ADSL	500	18	499		
	露營	1,000	25	76	1,150	中
	看電影	350		0		
	合計 B	10,850		9,065	1,150	

提列部分實支總計　10,215

手機通訊費或一些常態性的費用，若由家人代管可以「保留費」方式列出。

大年月總資本是2萬1仟元，其中的5仟、2仟分別由家人代管，幫他投資基金與保險。

儲蓄、投資等，現在很多改採用信用卡扣款，用的是那一張卡也要載明。

負債部分

每筆「負債」不管是不是當月都能結清，月初必須清楚寫下預估償還值。實際支付後再把正確金額寫在右邊。

項目	餘額	預估償還	實際支出			
			日期	現金	信用卡	(卡別)
中信 卡	1,880	1,880	14	1,880		
一銀	3,500	1,000	15	2,000		
球鞋 分期	756	226	5		226	中
PDA	1,050	110	7		110	一
電腦	1,246	890	7		890	中
助學 貸款	48,000	0				
媽媽	8,000	0				
合計 C		4,106		3,880	1,226	

負債部分實支總計 | 5,106

零用錢額度計算

A 本月資本	21,125	
− B 提列預估	10,850	
− C 償債預估	4,106	
月 D 零用額度	6,169	
÷ 本月天數	30	
÷ 日 零用額度	205	

這是提醒自己的參考值，以大年為例每天花用在205元以內，就不算透支。

理財手札 | 全新的記帳法--
信用卡與現金分開。

金融環境愈便利理財就要愈講究方法！

現金與信用卡分開記錄是一定要的。

這種記帳手札跟一般只是引起焦慮與罪惡感的流水帳很不一樣，月初讓金錢流向各就各位，讓最後手中的現金真的是「零用錢」，而非夾雜著要付什麼房租啦、水電費啦、保險費啦的「虛錢」，至於每天的零用錢，則必須把現金與信用卡分開記錄，因為刷了卡雖然有消費的實際事件產生卻沒有真的現金支出，如果不分開記的話，根本無法掌握金錢的流向。

此外，現在多卡族還真不少，沒有區分使用的是那張卡，並熟記各卡片的起息日、結帳日，要真的討到銀行好處的幾乎微乎其微。當然，月底也可以做個簡單的分類帳，清楚掌握各項開支的比例。

不習慣天天記帳，可準備小盒子，把發票與小紙頭(記錄沒發票的消費)投入，一星期整理記錄一次就夠了。

零用錢手札

分類	日期	內容	支出金額		
			現金	信用卡	(卡別)
食	1	早+午	105		
食	1	晚		125	一
食	2	早+午+晚	148	90	一
文	3	原子筆+橡皮		125	一
食	3	學校餐廳	169		
行	4	悠遊卡	500		
行	4	TAXI—板橋阿嬤家	125		
樂	4	KTV小偉生日		499	一
食	4	學校餐廳	110		
		第二週			
食	5	早餐—麵線			
食	5	小吃一堆			
樂	5	CD—沙發音樂			
食	6	三餐			
衣	6	T恤			
食	7	早午餐			
食	7	晚餐			
食	8	吐司麵包			

零用錢手札

分類	日期	內容	支出金額		
			現金	信用卡	(卡別)
		上期合計	1,888	2,275	
食	13	飯糰	70		
食	13	便當×2	120		
文	13	計算機		125	中
食	13	手提袋	2		
食	13	吃冰	18		
文	13	茶杯	90		
食	14	三餐	135		
樂	14	樂透彩	50		
食	15	早+午餐	90		
食	15	晚餐—鬥牛士		439	中
食	16	三餐	110		
食	17	早餐—飯糰	35		
食	17	午餐—便當	60		
食	17	晚餐—陽春麵	35		
文	18	理財書		149	中
文	18	鑰匙圈	99		
食	18	阿給小吃	150		
食	18	晚餐—便當	60		

分類的好處是好管理，也可分成「固定」、「不固定」，或加列「美容重點費」、「電腦」等。

每週中間可以空一、兩格區隔。

歸類建議採「用途」為原則，如買吃的東西額外2元的手提袋就當成食費。

掌握現金流，
每月結算一次。

　　月初的資本經過一整個月的安排與消費，月底應該做一個簡單的結算，一方面可以歸納出要存下來的部份如儲蓄、投資安排的情形如何，另一方面，因為有了整理，就能算出「比例」對不對的問題。當發現所有的錢都被用於消費，沒有半毛存下來時，就知道應該改變消費習慣了。

　　如果是因為零用錢太少，完全沒辦法有理財機會，也可以從這個記錄中推算出，是不是應該爭取增加零用錢的額度，或是打工增加收入。總之，每月做一次現金結算是一定要的，這也是記帳很重要的目的，讓存款、預借現金、股票、打工……每月「結算歸檔」，任何的金錢計畫就可以從中掌握。

　　除了額外收入（如家庭打工、其他長輩給零用）之外，這個月從定存、活存取出的現金，以及處份投資換成現金（如賣了股票、賣了基金等）要把它和零用錢餘額算在一起，就能真實反應手中月底實際的現金。

分類金額/合計，就能算出百分比。

零用錢分類結算

分類別	食	衣	行	文	樂		合 計
金額	6,050	499	1,050	1,125	1,050		9,774
百分比	62 %	5 %	11 %	12 %	11 %	%	100 %

本月結算

	費用別	付款別		小計	比率（%）
		現金	信用卡		
提列部份	活存 儲蓄	1,000		1,000	4 %
	固定 投資	7,000		7,000	29 %
	大額 提列消費	1,065	1,150	2,215	9 %
					%
					%
負債部份	卡費	2,880		2,880	12 %
	分期付款		1,226	1,226	5 %
	助學貸款	0		0	0 %
	媽媽	0		0	0 %
	零用錢支出	5,194	4,580	9,774	41 %
合 計		17,137	F 6,956	D 24,093	100 %

費用別可以自行分類。

零用錢的結餘要加上這個月信用卡刷卡總額才會是現金結餘，因為信用卡消費有實質消費卻無現金支出。

月底帳務調整

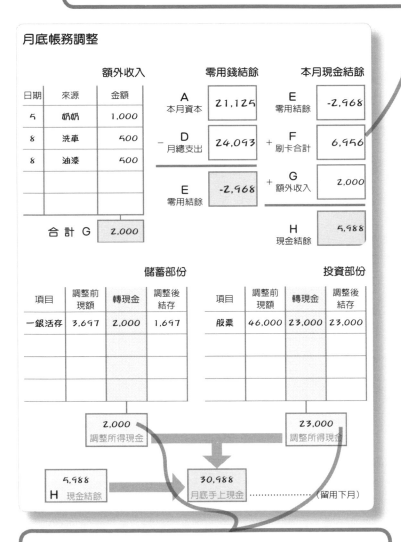

額外收入

日期	來源	金額
5	奶奶	1,000
8	洗車	500
8	油漆	500
合 計 G		2,000

零用錢結餘

A 本月資本	21,125
− D 月總支出	24,093
E 零用結餘	-2,968

本月現金結餘

E 零用結餘	-2,968
+ F 刷卡合計	6,956
+ G 額外收入	2,000
H 現金結餘	5,988

儲蓄部份

項目	調整前現額	轉現金	調整後結存
一銀活存	3,697	2,000	1,697

2,000 調整所得現金

投資部份

項目	調整前現額	轉現金	調整後結存
股票	46,000	23,000	23,000

23,000 調整所得現金

5,988 H 現金結餘

30,988 月底手上現金 ·········· （留用下月）

本例大年是取出現金，所以「轉現金」欄是正值，若是存入現金「轉現金」欄就是負值。

財富組合 | 分清長時間儲蓄與長期間儲蓄。

　　選擇一項理財工具長時間存入金額，投資人主觀的認為，一旦時間夠久獲利就夠豐厚，這是一般長時間儲蓄的觀念。這種做法當然很好，能夠有耐心的儲蓄，讓利上滾利往往是最後的投資贏家，許多主婦、上班族因為自己沒有太多時間處理理財的事只是利用郵局或銀行定存一點一滴的儲蓄，幾十年後往往累積傲人的資產。不過，這種「長時間」儲蓄法放在現在應該把它修改成「長期間」儲蓄法，也就是說自己設定一個「期間」（如每一季）關心並調整一次自己的理財組合，如此，既可收長期儲蓄的期待收益又兼具風險意識。

　　畢竟，現在經濟環境變異是極快速的，即使是最穩定的儲蓄保險、定存也一樣，因為每家銀行所推出的商品年年都在變，投資人必需定期留意，除了檢視自己的投資儲蓄組合外，也要關心利率，讓自己的錢發揮到最大功效。簡單來說，現今的金融環境已沒有「長時間」儲蓄法，只有「長期間」儲蓄法，每季檢查一次理財組合是合理的。

留心各式理財工具當時的利率。

註明信用卡起息日或結帳日。

財力報告

2季

季初資產

項 目	餘 額	MEMO
定存	8,000	台新1.525%
活存	1,580	一銀0.225%
基金	68,000	
股票—聯電	46,000	2張
股票—台塑	58,000	2張
儲蓄保險	16,000	2024年止
合 計	197,580	

季初負債

項 目	餘 額	MEMO
中信卡	1,880	結帳27日
一銀卡	3,500	結帳03日
中信分期	756	鞋
中信分期	1,246	電腦
一銀分期	1,050	PDA
媽媽	8,000	
助學貸款	48,000	
合 計	64,432	

即使是定期定額基金也要每月算一次淨值。

卡費與分期只寫當期未繳清餘額。

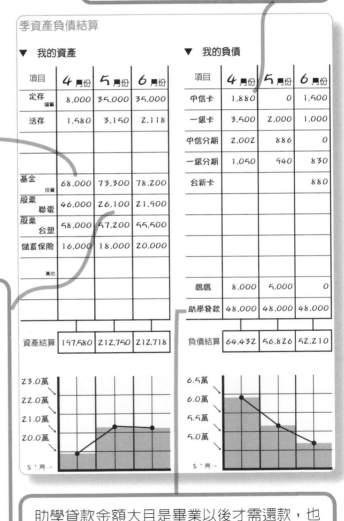

季資產負債結算

▼ 我的資產

項目	4月份	5月份	6月份
定存 儲蓄	8,000	35,000	35,000
活存	1,580	3,150	2,118
基金 投資	68,000	73,300	78,200
股票 聯電	46,000	26,100	21,900
股票 台塑	58,000	57,200	55,500
儲蓄保險	16,000	18,000	20,000
其他			
資產結算	197,580	212,750	212,718

▼ 我的負債

項目	4月份	5月份	6月份
中信卡	1,880	0	1,500
一銀卡	3,500	2,000	1,000
中信分期	2,002	886	0
一銀分期	1,050	940	830
台新卡			880
嫣嫣	8,000	5,000	0
助學貸款	48,000	48,000	48,000
負債結算	64,432	56,826	52,210

長期投資股票可不理會短期價格波動，但每月記錄價格、每季調整投資組合是必要的。

助學貸款金額大且是畢業以後才需還款，也可選擇不列在此處，只寫在年底資負表中。

第三篇：經濟金融篇

知名的美國富豪巴菲特11歲就開始投資股票！

七早八早就讓孩子上場投資不一定有益，

但是，

透過對經濟金融的了解，

卻能引導孩子了解企業資本形成的梗概。

間接金融與直接金融不同；存錢與投資不同。

拜金錢發明所賜，人的勞務可以被轉換成貨幣形式積攢下來，在每天的生活中，錢就這樣在社會上流來流去，廣義的來說，這種金錢流來流去就是所謂的「金融」。

現代金融無疑是複雜的，但「借出錢的一方取利息、貸款的一方付利息」原則則沒有改變。

為了因應這種金錢來來去去，社會就會發展出一定的程序與規則，例如利率要定多少、借錢的一方要提供什麼擔保等等。如此，介於提供資金與需求資金之間的就是金融機構；而金錢流轉的場所就是金融市場。

有了市場、有了交易機構，錢就像跟衣服、鞋子一樣是商品的一種，身邊有多餘金錢的人就把錢放銀行取得利息，需要錢的一方就向銀行借錢付出利息。

大眾把錢存入銀行，而銀行則將這些錢「輾轉」借給願意付出利息的企業或個人，就叫「間接金融」。相對的，如果是個人或企業直接把錢借出或借入，就叫「直接金融」。

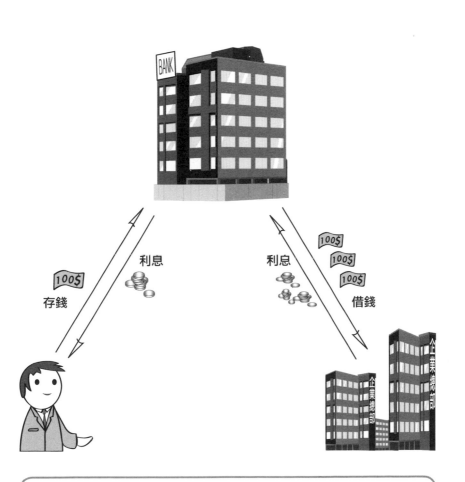

◯ 間接金融

錢存進銀行就是「存錢」，存錢一方收取固定利息。

錢是由銀行轉手借出去，存款人不知是誰借走了錢，就叫「問接金融」。

證券公司

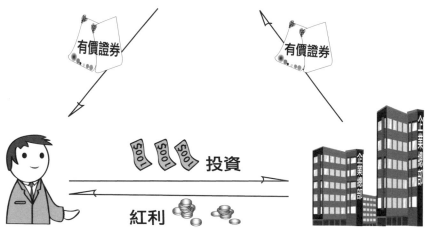

有價證券

有價證券

投資

紅利

○ 直接金融

當企業需要資金時，可透過證券公司協助，對外發行股票或債券對外募集資金。大眾可以直接拿錢買該公司的債券或股票，等於是我們直接把錢放進公司的口袋任其運用，這就叫做「直接金融」；這種直接金融對我們而言就叫「投資」。

銀行與證券公司不同，就是依間接金融與直接金融的方式讓錢的流通方式不同；對投資人來說，就是存錢與投資的不同。

過去，銀行是個人與企業主要金錢往來的對象，人們有多餘的錢就把錢存進銀行，銀行則把它借給有需要個人或企業。但現在，不管是個人或企業則愈來愈傾向以直接金融的方式（發行股票或債券）作為資金調度的方法。

為什麼會有這種趨勢呢？

這個道理很容易理解。

如果企業具有不錯的賺錢能力，社會大眾也肯定他們的實力，企業大可以「印股票換鈔票」，何苦去向銀行融資還得付利息呢？

另一個方面來說，過去大眾習慣把錢存入銀行收取利息，因為錢放銀行不但風險極低還有利息收入，但現在利率下降，錢存銀行往往收不到什麼令人興奮的利息，人們就會多多以直接金融的方式投資了。

不管你的理財態度的積極還是保守，可以預期的是直接金融將成為趨勢，也就是說未來孩子面對金錢流向選擇會是多元而複雜的，熟悉金融與經濟的運作方式，對於提升生活品質勢必有正面的影響。

簡單來說經濟就是：物品、服務、金錢。

　　雖然我們擁有多少錢是自己的事情，但人是社會性的動物，所有的供需都跟周圍的環境相關，讓物品、服務、金錢等在個人（家計）、企業、政府間的周轉的事情就叫經濟。（如右圖）

　　由關係圖中可以看出，家裡的人到企業上班，賺了錢一面再拿去用於企業消費，一面繳交稅金；而企業賺到了錢則把稅金交給政府，讓政府改善整體投資環境與生活環境。試想，當金錢與勞務的循環愈來愈快時，提供物品或服務的企業會因金錢周轉大而增加生產量；相反的，當我們薪水變少、消費力變弱時，企業的金錢週轉也會相對變小，對個人、企業、政府而言都不是件好事，經濟活動也會變的遲鈍。

　　從這個角度來看，「消費」對整個社會而言並非罪惡，因為如果消費力太低，整體經濟力就不活潑了。當然，也不能為了刺激整體經濟就不衡量自己的荷包，畢竟，量入為出還是理財的最根本。

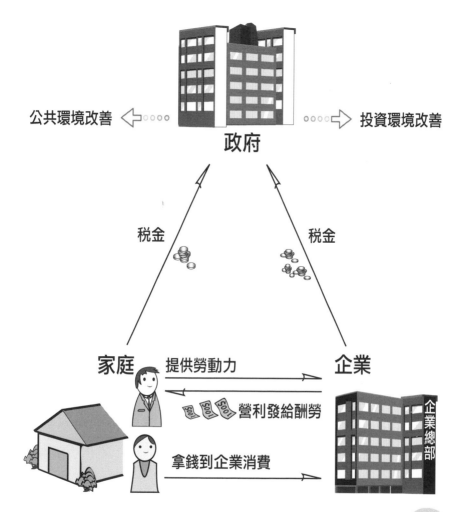

公共環境改善 ⟵ ∘∘∘∘ 政府 ∘∘∘∘ ⟹ 投資環境改善

税金　　　　　　　税金

家庭　提供勞動力 ⟶ 企業

營利發給酬勞

拿錢到企業消費 ⟶

企業總部

觀念 33 >>>

認識股票 | 股票的基本概念與企業籌資過程。

　　認識股票等於是認識是企業在營運、集資方面最基本的觀念，可以說是為孩子在財務方面開了第一扇門，不管將來是企業經營者，或是理財投資都很幫助。

　　大年是一位科技工程師，不久前跟同事四人一起合開了公司，每人出資100萬元共500萬資本額，這每一位出資的人就是公司的股東、他們各持有公司1/5的股份。

　　大年的公司營運一段時間後，為了因應愈來愈多的訂單，公司要大步大步的擴張，錢的來源就不能只靠幾個人的財力，除了選擇向銀行借錢之外，他們選擇讓別人（投資大眾）拿錢來投資他們，於是他們選擇發行股票向大眾募資，而股票就是股東所有權的一種憑證。

　　大年有技術有專業，但不一定有那麼多的錢可以讓公司周轉以賺取更多的利益；而有閒錢的投資人，把錢放銀行純收利息也太保守了，購買股票把錢借給企業，雖然此舉會承擔風險，但卻有機會分享企業經營所得，如此，企業專心的經營企業、投資人拿到該得的報酬，形成了企業與社會金錢流動的關係。

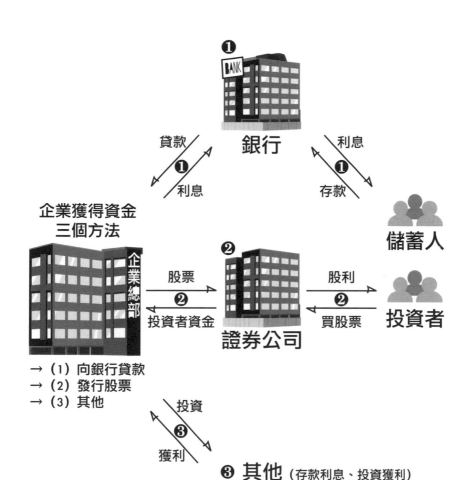

企業獲得資金
三個方法

→（1）向銀行貸款
→（2）發行股票
→（3）其他

❶

銀行

貸款
❶
利息

利息
❶
存款

儲蓄人

股票
❷
投資者資金

證券公司

股利
❷
買股票

投資者

投資
❸
獲利

❸ 其他（存款利息、投資獲利）

股票是企業籌措資金、大眾直接投資企業的管道之一，股票
的流通也是社會經濟的重要指標。

股東權益 | 三項持有股票的基本權利。

　　企業向銀行借錢一定要歸還，但是若透過證券公司在在股票市場發行股份籌募資金，就必沒有還的義務，不過，企業必須定期對投資人進行報告，並受到政府機關相關政令的管轄。

　　雖然錢借給企業（持有該公司股票），股東（投資人）並一定拿得回本金與利息，但卻擁有以下的權利：

一、公司經營權

　　每年股份有限公司開股東大會，會決定公司紅利分派情形，通常是採一股一票的議決權，但經營的權限是來自持有股票數目的比例，也就是持有股份多的人，講話還是比較有份量，但即使是小股東也能直接質問營運團隊關於經營現狀及今後的方針等問題。

企業股東大會提案

企業總部

投票

贊成
投資者

贊成
投資者

贊成
投資者

二、利益分配請求權

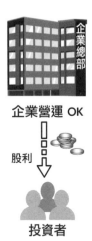

企業營運 OK

股利

投資者

成為股東，就可以參予分配股利。

為什麼股東要冒風險購買公司股票呢？最重要的原因之一是希望分享企業經營所得，因此，只要每年結算後公司決定分配盈餘，股東就可以分到自己該有的一份。

三、剩餘財產分配請求權

企業

營運不 OK

破產

清償負債

投資者

投資者

投資者

分配

殘餘財產

股份有限公司解散時，依據股東所持有的股份多寡，有權來分配公司殘餘資產。但是僅限於該家股份有限公司在償還負債後有剩餘財產時。

除了股利，
差價也是投資股票的重要收益。

投資股標的好處有二：

一、賺差價

A公司的股票你以30元購入，40元賣出，中間就賺了10元收益（尚未扣稅與手續等）這種收益稱之為capital gain（股價上漲後收益）。相反的,若是股價以30元購入,但在20元賣掉,就有了10元（尚未扣稅與手續等）的capital loss（股價下跌的損失）。

這種情形不管是賺、賠都是要實際上賣掉時才能確定獲利或損失。

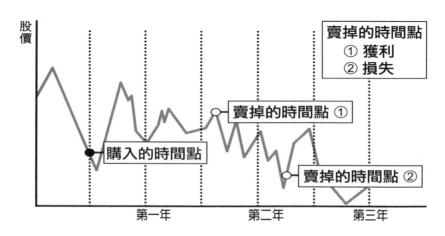

二、收股利

　　股價上漲的獲利稱之為capital gain（股價上漲後收益），相對的由公司經營所得的股利就稱之為income gain（利息）。

　　對投資人而言，要收到income gain必須是所投資的股份有限公司處在有賺錢的前提下，且數額多寡因公司而異也因每年不同。公司在決算時會決定紅利分配案，經由股東大會承認後，就可依股東所持的股份分配股利。

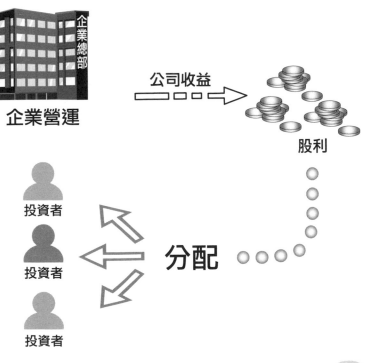

認識債券 | 保障本金利息的風險性理財工具。

債券是指由國家、地方公共團體、企業、或國外政府或企業，以短期調度資金為目的，向一般投資大眾募集所發行的有價證券。

從調度資金的目的來看，債券和發行股票的道理一樣，都是籌資的一種方法，但是在利率及期間屆滿方面就與股票有所不同。

投資人買進債券後，發行債券的國家或企業會定期依約定利率發放利息，到期後時會依面額償還給投資人。

因為債券會在約定到期日將面額上的金額還給投資人，所以跟股票比較起來是安全性較高的金融商品，而且有利息收入可為運用。

債券不但可以在自己國內發行，也可以到海外發行海外公司債。不過，債券也有因發行者破產，本利得不到償還的情形， 因此，投資人要購買債券時對於發行者信用的確認必須十分嚴格，並要經過專門機關安全性的評估分析，以保障自己的權益。

發行者

政府　　地方公共團體　企業

發行債券

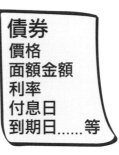

債券
價格
面額金額
利率
付息日
到期日......等

投資者

債券

固定利息

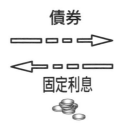

證券公司

債券雖然也有風險，但跟股票、基金等這些理財工具相比一般說來風險略低，利息卻又比銀行略高。

買賣債券

由收益性、安全性、流通性，看債券投資。

收益性

債券是約定在到期日前以一定利率支付利息的有價證券。因為利息利率是事先約定好的，不受市場波動而調整，但是債券的價格則會隨著市場的需求而有波動。

例如，到期日面額100萬元的債券，如果你購買時只用了98萬就有2萬的收益，這種收益稱之為償還差益。相對的，也有可能以101萬購入面額100萬的債券，則損失1萬日圓，這種損失稱之為償還差損。

安全性

雖然債券在到期屆滿前會在價格上有所變動，但是到期日發行單位就會歸還債券面額上的金額並支付約定的利息，加上法令對於債券的發行有許多規範，所以債券在所有投資工具中算是安全性相對高的一種。

流通性

債券在尚未到期前可以在流通市場當成商品一樣的買

賣流通，因此持有者如果突然需要一筆現金，變現性還算滿高的，一般而言，信用能力、知名度高發行量大的債券，會有很多投資家想購買持有，比較沒有想賣賣不掉的現象，不過，當然是有風險的。

債券面額
100萬

購入時98萬

固定利息　固定利息　固定利息　固定利息　固定利息

第一年　第二年　第三年　第四年　第五年

債券面額
100萬

到期領回100萬

國民理財系列叢書

『國民理財』系列書號	書名	定價
Let's Finance！－1	因為敗家，所以理財	149 元
Let's Finance！－2	就拿3,000元，學買基金	149 元
Let's Finance！－3	就拿2,000元，學買股票	149 元
Let's Finance！－4	30分鐘報稅成功	88 元
Let's Finance！－5	0存款，就這樣買房子	149 元
Let's Finance！－6	不為孩子理財，要教孩子理財	149 元

想致富，方法很多
找出適合自己的方式，很重要！

團購優惠、歡迎上網或來電洽詢！

專案書號	書名	定價
Smart be rich -- 1	看懂財報，做對投資	199 元
Smart be rich -- 2	小家庭家計規畫書	129 元
Smart be rich -- 3	幸福存摺 2005年家計簿	199 元
Smart be rich -- 4	小太陽 親子理財合約	199 元

●前請先來電（email）查詢，是否尚有您想要購買的圖書。
●本公司交貨投遞一律經中華郵政（郵局）以普通函件方式投遞，不加收郵費。
●付款方式：
　ATM轉帳：中華商業銀行仁愛分行（銀行代號：804），帳號：032-01-001129-1-00
　郵政劃撥帳號：19329140　　戶名：恆兆文化有限公司
●連絡資訊：
　連絡電話：02-27369882　傳真：02-27338407　email：service＠book2000.com.tw
　地址：110 台北市吳興街118巷25弄2號2樓　恆兆資訊網 http://www.book2000.com.tw

恆兆文化圖書訂購確認單　　Tel:02-27369882、Fax:02-27338407

商品名稱	數量	單價	折扣	小計

帳務確認單據　（劃撥、ATM轉帳）	◎　連絡資訊
單據黏貼處	收件人： 投遞地址：☐☐☐☐☐ 發票　☐三聯式　☐二聯式 抬頭： 發票地址： 連絡電話： email：

戶名：恆兆文化有限公司　郵政劃撥帳號：19329140

ATM轉帳　　　　中華商業銀行（仁愛分行）銀行代碼：804

帳號：032-01-001129-1-00　　　　請影印發大至A4使用